MÉMOIRE

Des Officiers, Bas-officiers Grenadiers, Chasseurs et Soldats du régiment de la Martinique ; et détail exact de la conduite que ce Corps a tenue à l'occasion des excès commis envers deux Officiers du régiment, par une partie de la ville de St. Pierre.

Obligés d'éclairer des doutes injurieux sur des prétendus délits qui nous ont été imputés, l'honneur de notre Corps s'y trouve particulièrement engagé, et nous le faisons avec sécurité.

Si nous ne nous empressions pas de détruire des inculpations qui pourroient compromettre nos principes connus, le triomphe de nos ennemis sembleroit acquérir de nouveaux droits pour achever de nous colomnier, et de perpétuer dans les esprits séditieux et jaloux du bonheur public, l'opinion que les ennemis de l'état se sont efforcés de semer sur notre Corps en le représentant comme auteur de l'insurrection survenue dans la ville de St. Pierre, isle de la Martinique.

La conduite que nous n'avons cessé de tenir dans cette colonie, depuis la création de notre régiment qui se fait une gloire d'en porter le nom ; la confiance que nous nous y som-

A

mes constamment mérités , et les sentimens que nous avons développés , dictés par le patriotisme le plus pur , étoient des moyens bien puissans pour prouver que dans tous les tems les intérêts des habitans de cette colonie et les nôtres, avoient été et devoient être à jamais communs et indivisibles. C'est dans cet esprit que nous nous sommes fait une loi de repousser avec une franchise digne de notre caractère , une inculpation qui n'a pu nous être portée que par les ennemis de la chose publique , et par l'esprit d'insubordination qui tramoit sourdement, par tous les moyens possibles , la perte immédiate de la colonie.

Nous avons jurés d'être fidèles A LA NATION , A LA LOI ET AU ROI. Liés par la foi d'un serment que nous reconnoissons être le principe constitutionnel d'une régénération nouvelle , pouvions-nous être soupçonnés de nous en être écartés un seul moment?

La ville de St. Pierre , la seule de la colonie qui lève des doutes sur nos intentions, a particulièrement reçue les preuves les plus éclatantes de notre zèle , *lorsqu'au mois d'octobre dernier* , nos sollicitudes , nos allarmes sur les dangers dont elle étoit menacée , et les justes mesures qui en ont été la suite , ont fait échouer, par nos soins, le plan de la plus horrible conspiration tramée par les négres qui menaçoient à la fois *du feux* , *du fer et du poison* l'universalité de ses habitans.

Nous avions su nous concilier l'estime et la confiance la plus parfaite, rien même ne sembloit devoir troubler la paix dont nous jouissions dans cette partie de la colonie.

Mais des gens *sans état, sans aveu, inconnus même des habitans* , suscités visiblement pour occasionner des troubles, jaloux d'avoir vu nos soins obtenir le succès le plus heureux pour arrêter le projet des négres, *dont ils étoient peut-être les instigateurs cachés* , tentèrent le double crime de séduire le peuple, sous le masque imposant du patriotisme, et d'aliéner ainsi l'affection du soldat pour ses chefs, en lui présentant une trop funeste insubordination sous les dehors trompeurs des DROITS DE L'HOMME ET DE LA LIBERTÉ.

En nous présentant comme ennemis de la révolution , ils se sont fait un parti d'autant plus redoutable, qu'ils avoient associés à leurs principes des vrais citoyens , des habitans de la colonie, qui entraînés dans les charmes dangereux de l'illusion , et séduits par des insinuations captieuses, redoutoient tout pour leurs propriétés , leur vie même , dont on avoit eu soin de leur présenter que nous voulions nous rendre usurpateurs au mépris de la solemnité de nos sermens.

Dès qu'on a eu connoissance dans la colonie que la CO-CARDE NATIONALE étoit devenue dans la métropole le signe de ralliement au patriotisme , et qu'elle offroit A LA NATION entière l'emblême de la liberté que l'on s'occupoit à conquérir , *citoyens , officiers et soldats , nous nous empressâmes tous de l'arborer.* De ce moment même nous ajoutâmes à notre surveillance ordinaire le soin le plus particulier à ce que le soldat en soit habituellement décoré , en lui inspirant le plus grand respect pour cette marque précieuse de concorde et de fraternité qui étoit déjà reconnue *dans la métropole et de toute l'armée française.*

Le projet d'insurrection se tramoit depuis long-tems ; il importoit aux factieux de trouver un moyen de le faire éclater , et l'omission involontaire de la cocarde nationale , commise par M. Duboulet , capitaine au régiment de la Martinique , donna le signal de toutes les scènes d'horreurs qui ont agitées la ville de St. Pierre , et qui ont principalement portées sur les trois compagnies de notre régiment qui en formoit la garnison.

F A I T S.

Le vingt-un février , monsieur DU BOULET se présenta à la comédie sans cocarde nationale. Auroit-on pu s'imaginer qu'un

4

oubli involontaire, qu'une omission qui n'avoit rien d'affec-
tée, causeroit des mouvemens aussi impétueux dans la salle de
spectacle, y donneroit lieu aux propos les plus affreux, à la
scène la plus scandaleuse, enfin aux menaces furieuses de précipiter cet honnête et brave officier, des secondes loges où il
étoit placé, s'il ne prenoit aussi-tôt la cocarde que lui présen-
toit le nommé Nicolosin, orfévre, qui la lui offrit *du ton le
plus impérieux et le plus menaçant?*

Blessé par ces menaces, M. DE BOULET ne parut accepter la
cocarde que de la main de M. DE LAUMOY, *commandant à
Saint-Pierre*. Le parterre, alors poussé par un nouveau caprice, incista pour que M. DU BOULET, plaçant son chapeau
sur la tête, se montrât ainsi au public; cet officier y céda
d'après l'ordre qu'il en reçut de son chef.

Des procédés aussi violens, aussi peu mérités indisposèrent
vivement les officiers des différens corps qui se trouvoient réunis à Saint-Pierre. Dans le premier excès d'un ressentiment
que des circonstances ordinaires et moins critiques auroient
naturellement excusés, il échappa à M. DE RANCÉ un propos
qui, dans des temps plus calmes, n'eût excité d'autre sentiment que celui de la plus parfaite indifférence. Cet officier dit
alors : « *Puisqu'on veut agir ainsi, nous couperons les oreilles
» à ceux qui ne porteront point dans la suite de cocarde na-
» tionale* ».

Nous ne cherchons point à justifier un propos échappé dans
l'effervescence, et que le ressentiment de l'injure la plus carac-
térisée sembloit avoir provoquée : mais ce propos, trop légè-
rement lâché, devoit-il engager à des suites aussi funestes pour
les officiers qui étoient dans cette ville, tandis qu'une foule de
spectateurs, menaçant M. DU BOULET de le précipiter des secondes loges, n'avoient pas essuyés le plus léger reproche.

Les ennemis de la tranquillité publique ne manquèrent pas
de présenter ce propos d'une manière incendiaire, de le faire

accréditer aevc une malignité coupable, ce qui engagea le peuple à une fermentation dont les effets ne tardèrent pas à éclater, et qui auroient évidemment porté le coup le plus funeste sans les soins les plus actifs du corps des officiers, quoique grièvement offensés en la personne de M. DU BOULET.

La suite des faits va successivement développer l'acharnement qu'on a mis pour effectuer plus complettement le projet qui avoit été conçu, de rendre le corps responsable des émeutes populaires, et le provoquer, pour ains dire, à se faire justice de ses propres forces, en excitant un soulévement général, et en en faisant rejaillir la cause première sur le pouvoir exécutif, *tandis qu'il n'étoit question que d'une rivalité d'opinions, et principalement de celle qui dominoit dans la ville de Saint-Pierre, qui avoit la prétention de commander à toute la colonie.*

Le 22 février M. DE MARTINVILLE, sous-lieutenant, fut surpris et entouré dans la rue par une foule considérable de citoyens; l'un d'entr'eux lui dit, avec les expressions les plus indécentes et les plus injurieuses : « *Qu'il desireroit connoître* » *l'officier qui la veille avoit menacé de couper les oreilles* » *à ceux qui seroient trouvés sans cocarde......* M. DE MARTINVILLE, ainsi provoqué, crut devoir répondre : « *Que s'il* » *étoit sûr que ce propos eût été tenu par un de ses camara-* » *des, il en répondroit pour lui* ». Alors cette personne l'appella en duel.

MM. DE RANCÉ et DE MALHERBES, capitaines, qui se trouvoient peu éloignés, apperçurent leur camarade entouré et pressé avec tumulte, ils accoururent pour le dégager, et s'efforcèrent à calmer la fermentation des esprits en employant les expressions les plus mesurées.

M. DE MALHERBES, voyant que les efforts fait jusqu'à ce moment, loin de produire un effet heureux, n'engageoient que des débats plus violents, crut de la prudence de requérir la médiation de l'Echevin de service , *dont la présence et les vives sollicitations ne purent rien gagner.*

D'après tant de moyens inutilement employés , M. *de Malherbes* , pour mettre fin à un acharnement qui présageoit les suites les plus funestes, se trouva obligé de dire : « *que ce* » *n'étoit pas ainsi qu'on devoit agir entre gens d'honneur,* » *qu'il n'y avoit pas à supposer que quatorze officiers , qui* » *composoient la garnison , puissent en aucun cas être suspecté d'avoir eu l'intention de provoquer toute une ville ;* » *que si l'on avoit pris la résolution de les attaquer, il falloit le faire à nombre égal* ». Il se retira en engageant ses deux camarades à le suivre.

Il est aisé de sentir que la conduite de M. *de Malherbes* , dans cette circonstance embarrassante étoit purement dirigée par l'espoir de tirer ses camarades d'une crise dangereuse , et d'obtenir des délais qui pouvoient ménager une conciliation. La raison se refuse même à croire que par le simple exposé d'un principe d'honneur , on puisse préjuger l'intention de proposer un combat de quatorze officiers contre un nombre égal de citoyens , ainsi qu'on s'est plu à le répandre.

Vers midi de la même journée, M. de *Malherbes* fut prévenu que les jeunes gens de St. Pierre avoient le projet de venir provoquer les officiers en duel ; on lui dit de plus qu'ils avoient décidé que ceux qui seroient blessés, seroient aussitôt remplacés par d'autres. A cet avis, l'officier répondit « que » si l'on venoit les attaquer à forces égales , il étoit de leur » honneur d'y répondre ; » et comme les événemens se suc: cédoient rapidement dans cette fatale journée, il ne tarda pas à apprendre, par un nouvel avis, que le projet des jeunes gens étoit moins d'engager les officiers à un cartel, que de les attirer à champs-clos pour s'emparer d'eux et faire partir principalement M. *du Boulet* pour la France.

A une heure après midi, M. *de Milly* vint en députation

de la part des citoyens ; il requit M. *de Bellile*, chevalier de St. Louis et citoyen de St. Pierre, pour être témoin de ce qu'il alloit nous dire et de notre réponse, il propposa aux officiers de changer le lieu du combat. Cinq ou six officiers qui étoient alors rassemblés, répondirent avec toute la modération qu'une affaire aussi délicate pouvoit l'exiger, *qu'ils n'avoient jamais eu l'intention de les appeller en duel, mais qu'informés du projet qu'on leur annonçoit de venir les attaquer, ils étoient disposés à se défendre.*

Quel motif a pu déterminer à faire annoncer que le lieu du rendez-vous étoit changé ; nul n'avoit été assigné par les citoyens aux officiers, ni par les officiers aux citoyens. C'étoit donc un moyen adroit pour attirer les officiers dans un piége funeste pour les présenter plus aisément comme les agresseurs d'une affaire qui avoit été provoquée par le peuple, et en faire rejaillir les torts sur eux seuls. Les événemens qui suivent prouveront bien aisément combien il importoit de rendre le corps victime de l'effervescence populaire qui agitoit *la ville de St. Pierre*, qui dans aucun cas n'auroit dû douter *de notre civisme et de notre fraternité.*

A peine M. *Demilly* se fut-il retiré, qu'un peuple immense armé d'épées, de pistolets accourut et investit promptement les officiers ; des cris épouvantables se firent entendre, on distingua même les mots : *tue... tue... coupez-leur les oreilles... pendez-les....* M. *Delaumoy* qui commandoit à St. Pierre, et MM. *les officiers municipaux* vinrent au milieu de ce tumulte et réunirent tous leurs efforts pour appaiser le peuple ; les soldats instruits du danger que couroient leurs officiers, prirent les armes et se mirent en marche pour venir à leur secours. Dès que le peuple eut connoissance que la troupe s'approchoit, il s'écria : *veut-on nous faire égorger par les soldats ?....* Les officiers assurèrent les citoyens qu'ils n'avoient rien à craindre de leur part, qu'ils étoient sûrs de les contenir.... et qu'ils en répondoient.... Ils coururent en conséquence, à leur troupe, et les obligèrent de rentrer dans leurs casernes. Si ce moment étoit inquiétant pour le peuple, la suite prouvera bien que ces officiers ne durent leur salut qu'à cet événement, et au mouvement que leurs soldats firent pour les secourir.

Quelques citoyens aulieu de se retirer, mirent imprudemment de la persévérance à suivre les officiers ; les soldats alors craignant les effets de l'acharnement qui se manifestoit, prirent sur eux d'en imposer en montrant leurs armes ; mais il ne fut tiré aucun coup de fusil, et à la voix de leurs officiers, la troupe rentra dans les cazernes.

Le mouvement que les soldats firent pour sauver leurs officiers déjà livré à la fureur du peuple, répandit bientôt l'alarme dans toute la ville, et les citoyens s'armèrent.

C'est dans cet état de trouble, que *M. de Laumoy*, sur la réquisition du maire, donna ordre à la garnison d'évacuer la ville et de se mettre en marche pour le fort royal ; on battit à cette occasion la générale, pour rassembler ce qu'il pouvoit y avoir de soldats disposées, et comme la troupe se disposoit à se mettre en marche *MM. du Boulet et de Malherbes*, reçurent ordre de *M. de Laumoy*, de comparoître à l'hôtel-de-ville.

Cet ordre fut porté par une députation de cinq citoyens, deux s'offrirent en ôtage. *MM. du Boulet et de Malherbes*, crurent devoir refuser ce gage de leur sureté ; mais à peine furent-ils hors de la vue des cazernes, qu'un gros de citoyens se précipita sur eux et se saisit de M. *du Boulet*, les uns ménaçoient de lui couper la tête, les autres de le pendre, et trainés ainsi avec fureur jusqu'à l'hôtel-de-ville, ils furent désarmés et jettés avec violence dans la salle d'audience.... MM. les officiers municipaux exigèrent d'abord de M *du Boulet*, qu'il signât l'ordre pour que la troupe se mit en marche

pour

pour le Fort-Royal , ce qu'il fit ; autorisé de M. *de Laumoy.*

Mais quelle fut la surprise de ces deux officiers l'orsqu'ils virent qu'on ne leur donnoit aucun détail des délits que le peuple leur imputoit , et que toute justification leur étoit interdite. Une partie du peuple qui n'étoit pas encore suffisamment satisfaite des traitemens affreux qu'il venoit de leur faire essuyer , demandoit à cris rédoublés , qu'il leur fussent livrés pour être pendus au réverbère ; une partie plus modéré se contentoit d'exiger qu'ils fussent embarqués pour la France..

Pendant ce tumulte effrayant , MM. les officiers municipaux , crurent de leur prudence de faire passer ces deux officiers dans une chambre voisine , qui n'étoit séparée de la salle d'audience que par une foible cloison. Là , livrés à eux-mêmes , ils entendirent très distinctement proposer d'arrêter tous les officiers , pour les punir de leurs insolences ; mais le peuple qui avoit toujours l'attentiou fixée sur leurs victimes , inventoit à chaque moment de nouveaux moyens d'offenses , demanda à grands cris les épaulettes et les uniformes de ces deux officiers , ils s'y refusèrent *en sollicitant la mort , plutôt que de se voir plus long-temps le jouet du caprice d'un peuple que la fureur égaroit* ; leur résistance fut vaine... Ils en furent dépouillés avec violence , et leurs vêtemens jettés , servirent bientôt de trophées , qu'on se disputoit à l'envie. La cloison de l'appartement dans lequel *MM. du Boulet et Malherbes* étoient renfermés , fut bientôt renversée par un nouveau mouvement que le peuple fit ; ils se virent alors livrés à de nouveaux tourmens , on s'empara d'eux , ils furent trainés au milieu de l'exaltation d'un peuple immense , et de l'appareil le plus humiliant, jettés dans les cachots destinés aux esclaves les plus criminels. Après 24 heures de cette horrible détention , ils furent transférés aux cris de l'alégresse publique , et dans les expressions de la joie la plus féroce , escortés par des citoyens armés , à un navire Bayonnois qui étoit prêt à partir pour France.

Comme ces faits n'ont rien d'altérés , nous nhésiterons point de les soumettre à un examen rigoureux, et d'en appeler même à ce peuple , qui dans le moment d'horreur nous a si cruellement calomnié. L'illusion qui égare les esprits , se détruit , la raison reprend ses droits, et l'équité qui fait la base de la conduite de ce peuple franc et loyal , ne pourra refuser un retour à la justice lorsqu'il aura reconnu la trame odieuse des faux principes qui l'égaroit.

Offensés en la personne de nos officiers, accusés , calomniés , jusque dans nos principes ; ils nous auroit été possible de nous livrer à notre ressentiment avec tous les droits que peut donner à un corps respectable , l'honneur dont il jouit ; mais jaloux de maintenir les principes qui ont toujours fait notre gloire , nous nous sommes bornés au simple détail des faits qui bien constatés , laisseront à l'impartialité le soin de nous juger , et aux habitans de Saint Pierre , les regrets de nous avoir méconnus.

Le Fort-Royal n'eut connoissance de cet événement, que par la lettre écrite le même jour par *M. Thoumaseau , maire de la ville de Saint Pierre , à M. de Viomesnil*, et dont le rapport exact est ici essentiel pour prouver à quel point d'exaltation les esprits étoient portés.

A l'hôtel-de-ville de St. Pierre , le 22 février 1790.

Monsieur le Général,

Je vous apprends avec amertume ce qui vient de se passer , MM. du Boulet et de Malherbes, sont victimes de leur conduite envers le peuple. Hier au soir à la comédie, M. du Boulet , qui ne portoit plus de cocarde , a refusé de la recevoir des mains du peuple. Il n'a obéit à M. le commandant qu'après avoir provo-

qué le peuple, M. de Malherbes et M. de Rancé, ont également
tenus des propos vraiment séditieux. Ce matin, M. de Malherbes a donné un cartel, et a dit qu'ils étoient 14 officiers, et que
s'il se trouvoit 14 personnes, capables de venir, ils leur tien-
droient tête. Quatorze jeunes gens se sont en effet armés, et
sont partis pour aller joindre ces officiers. La municipalité, la
commune, si sont portées pour empêcher les voies de fait ; mais
on a vu avec indignation la troupe battant la générale, et se
mettre sous les armes ; je me suis porté au quartier avec M. l'intendant, et M. de Laumoy, nous avons arrêtés les mouvemens
de la troupe, qui des fénêtres a couché en joue, mais le peuple
s'est armé , et a demandé avec violence, MM. de Boulet et
de Malherbes. M. de Laumoy les a fait venir à l'Hôtel-de-ville,
et ils n'en sont sortis que pour être conduits à la geole ; après
avoir été dépouillés de leurs vêtemens. On est décidé à les faire
embarquer sur un navire qui partira demain ; et je regarde
comme inconcevable qu'ils ayent été épargnés ; toute leur conduite avoit causé des fermentations. M. de Laumoy a donné
l'ordre à la troupe de partir, et le peuple n'est tranquille dans
ces instans, que pour se tenir sous les armes et garder la
ville.

Vous voyez M. le général, un exemple des dangers qu'il y a de
braver le peuple, que le sentiment de la liberté anime, jugez
par-là encore de la nécessité de mettre le peuple en milice.
La journée d'aujourd'hui a été des plus violentes, mais les
troupes étant parties, j'espère que tout se terminera, sur-tout
je ne crois pas qu'il doit être fait le moindre mouvement du
côté du Fort-royal. Le sang a encore été épargné, on ne pour-
coit répondre qu'il le fût. Je ne puis donner trop d'éloge à la
conduite ferme et brave de M. Foullon, le peuple lui a cer-
tainement de grandes obligations.

    Je suis avec respect,

      Monsieur le Général,

                Votre etc., etc.,

           Signé, THOUMASEAU, Maire.

Nous ne nous permettrons aucune observation sur *le contenu de cette lettre*, d'après le compte que nous venons de rendre, qui en détruit toutes les assertions.

Nous ne dissimulerons pas que le premier mouvement de la troupe fut de vouloir marcher vers S. Pierre pour obtenir réparation des outrages *faits à son uniforme et à Mrs. du Boulet et Malherbes;* alors les officiers s'empressèrent de courir aux casernes pour arrêter ce projet, et ne parvinrent à calmer les inquiétudes des soldats qu'en les rassurant sur le sort de ces officiers, et en leur promettant même qu'il leur seroit rendu justice. M. *de Viosmesnil* de son côté s'empressa à faire rassembler les corps militaires, et le régiment de la Martinique qui réunis, arrêtèrent, *que la municipalité seroit priée de rendre ces deux officiers;* en conséquence, M. *de Viosmesnil* écrivit à M. Thoumaseau la lettre suivante.

Au Fort-Royal, ce 23 Février 1790.

A la réception, Monsieur, de la lettre que vous m'avez fait l'honneur de m'écrire hier, j'ai assemblé un conseil de guerre, auquel j'ai exposé les événemens qui viennent de se passer à S. Pierre, et dont vous me faites part, la conduite de MM. *du Boulet et de Malherbes*, a été fortement désapprouvée par ce conseil, et même par MM. les officiers du régiment de la Martinique qui en faisoient partie, et il a été unanimement décide que MM. *du Boulet et de Malherbes*, devoient être jugés par un conseil de guerre, avec toute la sévérité que mérite la conduite qu'ils se sont permis de tenir, c'est en conséquence, monsieur, de ce résultat que vous voudrez bien faire part au peuple de S. Pierre, que je vous prie instamment, ainsi que MM. les officiers municipaux, d'employer les plus vives démarches pour que MM. *du Boulet et de Malherbes* soient rendus et envoyés sur le champ au Fort-royal, en assurant le peuple de ma part, ainsi que du corps de MM. les officiers du régiment de la Martinique qui signent cette lettre avec moi, que ces

deux officiers seront jugés et punis avec la sévérité que mérite
tout ce que leur conduite a de condamnable : je ne doute pas
Messieurs, de tout le zèle et de l'empressement que vous met-
trez ainsi que MM. vos collègues, à démontrer au peuple de
S. Pierre, que cette voie, en lui procurant toute satisfaction,
ne soit en même tems la seule, qui puisse parer aux malheurs,
qui pourroient devenir la suite de cette affaire, et faire aban-
donner aux compagnies du régiment de la Martinique, qui suivant les avis que je reçois, n'ont pas encore quitté les environs
de S. Pierre. Le parti auquel elles paroissent inclinées d'y re-
tourner, dans l'obligation où elles se croyent de défendre ses
officiers, et éviter enfin de plus grands maux, auxquelles il ne
seroit peut-être pas en mon pouvoir de remédier d'une autre
manière, si MM. *du Boulet et de Malherbes*, se trouvoient déja
embarqués lorsque vous recevrez cette lettre, cette circonstance
ne doit point empêcher l'effet de ma demande, vous trouverez
sûrement, Monsieur, le moyen d'envoyer vers eux, et de les
faire revenir en sûreté.

J'ai l'honneur d'être,

Monsieur,

Votre etc, etc,

Signé, LE COMTE DE VIOMESNIL,
et par tous les chefs des corps et
de tous les officiers du régiment de
la Martinique.

Cette lettre étoit bien susceptible de rassurer la ville de Saint-
Pierre sur ses craintes, en offrant d'instruire, dans une forme
régulière et imposante, les délits qui étoient imputés à MM. du
Boulet et de Malherbes, sur la seule dénonciation du maire de
Saint-Pierre ; et nous étions éloignés de croire que cette ville
auroit ajouté aux traitemens que son peuple a fait si cruellement subir à ces officiers, l'outrage de se faire justice de ses
propres forces au mépris de toutes les ordonnances, en faisant
embarquer les officiers, d'autorité, sur un navire qui partoit

pour France ; et c'est en réponse à la lettre qu'on vient de lire que les officiers municipaux de la ville de Saint-Pierre adressèrent celle qui suit :

A l'hôtel-de-ville de St. Pierre , le 23 février 1790.

BRAVES GUERRIERS,

Recevez par notre organe l'expression des vœux des citoyens ; votre corps est respectable à leurs yeux, ils connoissent toute votre bravoure, et la noblesse de vos sentimens, ils n'ont donc pu avoir aucune intention de vous offenser dans la punition qu'ils ont infligée à MM. *du Boulet et de Malherbes* , ces officiers se sont rendus indignes de ce nom, indignes de vous commander, et ils ont paru indignes de porter l'habit-uniforme, on les a dépouillés comme coupables envers la nation, à laquelle tous les uniformes sont consacrés, sans qu'on ait en vue sous aucun rapport de faire aucune insulte au corps, nous sommes au contraire tous convaincus , que vous vous réunirez aux citoyens pour punir ces coupables officiers, et vos camarades qui ont vécu au milieu de nous, sayent combien nous leur sommes attachés ; que nos intérêts ne sont point différens des vôtres, si le peuple n'a pas cru devoir les renvoyer au Fort-royal, pour être jugés par le conseil de guerre, ce n'est pas qu'on ne soit certain de la justice éclatante qui auroit été rendue, mais braves soldats, il y a un tribunal suprême, celui de l'assemblée nationale, auquel les citoyens ont cru indispensable de porter cette affaire, abandonnez les donc, braves soldats, à leur jugement, et soyez pénétrés de cette vérité que nous ne voyons en vous que des frères , des citoyens comme nous, que l'uniforme qui vous distingue est sacré pour tous, dans les braves gens qui l'honnorent,

Nous sommes avec le plus inviolable attachement ,

Braves guerriers ,

Vos très-humbles etc , etc.

Signé , LES OFFICIERS , LES MUNICIPAUX,

Cette lettre fut lue en présence du régiment assemblé ; il fallut alors toute la prudence dont les officiers étoient susceptibles dans une circonstance si affligeante pour ramener le soldat aux principes de concorde qu'il nous étoit précieux de maintenir ; ce qui n'eut d'effet qu'en les persuadant qu'il seroit expédié une frégate pour aller à la suite du navire marchand qui conduisoit les officiers, et qu'ils seroient ramenés à leur corps. L'ordre fut aussi-tôt demandé à M. de Viosmesnil par une adresse que le corps assemblé décida d'écrire à ce gouverneur, et dont voici le contenu.

Mon Général,

Les grenadiers, chasseurs et soldats du régiment de la Martinique, venant d'apprendre que le peuple de S. Pierre, vient d'embarquer pour France, MM. du Boulet et de Malherbes, après les avoir traînés dans les cachots, et leur avoir fait subir beaucoup de mauvais traitemens, demandent avec une telle véhémence qu'on leur rende ces deux officiers, que les chefs et les officiers de ce corps croyent que pour empêcher les malheurs qui en seroient les suites, il n'est d'autres moyens que de vous prier mon général, d'envoyer aussi-tôt un bâtiment de Roi à la poursuite de ce marchand, afin que ces officiers soient rendus à leur corps, et étant amenés au Fort-royal, ils soient jugés par un conseil de guerre sur la nature, des fautes dont ils seront accusés, ce qui ramenera sans doute le calme que nous desirons tous.

Au Fort-royal, le 23 février 1790, à 11 heures du soir le régiment assemblé.

M. de Viosmesnil sentit combien il étoit important que cette demande soit satisfaite ; il donna des ordres, et *la frégate la Gracieuse, commandée par M. de Vaugiraud*, fut aussi-tôt expédiée pour aller à la rencontre du navire Bayonnais, et ramener les deux officiers qui y étoient embarqués.

Nous sommes très-éloignés d'imputer aux vrais habitans de

Saint-Pierre les outrages dont nos camarades ont été accablés. Nous aimons même à croire que c'est aux soins d'une grande partie des citoyens de cette ville que nous devons, le salut de ces officirs et nous abandonnons à leurs remords et au mépris public le petit nombre de factieux vendus aux ennemis de l'état, dont les intrigues ont pu nous rendre si défavorable à l'opinion du peuple, qu'ils ont eu l'art de séduire.

On n'a pas hésité de faire un crime à nos soldats de leur sensibilité, comme si l'attachement à leur discipline et à leurs chefs n'étoit pas le plus sacré de leurs devoirs.

On eût donc vu avec satisfaction dans ce mouvement de cruauté les soldats en défection livrer eux-mêmes leurs officiers à la fureur populaire ; et parce qu'un individu est militaire, parce qu'il fait partie intégrante de la force publique, seroit-il déchu du titre de citoyen ? et dès ce moment cesseroit-il d'avoir des droits à la protection publique contre la fureur populaire ? Si jamais de tels principes prévaloient, ils seroient la perte des nations qui les auroient adoptés ; malheur à celle qui auroit érigé la défection du soldat en vertu civique... L'état qui adopteroit de pareils principes, passeroit bien rapidement de l'anarchie la plus affreuse au despotisme le plus tyrannique.

On a calomnié les officiers de la garnison de Saint-Pierre jusqu'à assurer qu'ils avoient fait distribuer des cartouches à balle, et fait charger les armes de leurs soldats ; nous invoquons ici le témoignage de M. Foullon, intendant de la Colonie, à qui M. Lebrun de Norvelles, lieutenant, montra qu'elles n'étoient point chargées au moment où les soldats se mirent en marche pour aller au secours de leurs officiers, et qu'il n'y avoit même dans les casernes que les cartouches d'usage pour monter la garde.

La frégate qui avoit été expédié, ramena MM. *du Boulet* et

de

de Malherbes, qui mirent sous les yeux du conseil les détails de leur conduite ; mais le régiment assemblé crut de sa sagesse de ne pas prolonger une instruction qui, faite par le corps, pouvoit devenir encore un nouveau sujet d'inquiétude pour le peuple de Saint-Pierre, ce qui le détermina à prendre l'arrêté qui suit.

Le 27 Février 1790

Le corps des officiers du régiment de la Martinique, voulant prouver à la nation françoise, qu'il n'a pas l'intention d'empêcher le jugement qui doit être prononcé sur la nature des griefs imputés à MM *du Boulet et de Malherbes* ; il a été arrêté, que ces deux officiers partiroient pour France, sur la frégate *du roi l'Active*, et qu'ils seroient accompagnés *par M. de la Beaume*, *baron de Malves*, qui a été nommé par le corps.

Telle a été notre conduite dans cette malheureuse affaire ; et le corps se prêtant à faire suivre aux officiers inculpés la destination qui leur étoit enjointe par la commune de Saint-Pierre, a cru remettre le calme dans cette ville, et attendre *de la nation assemblée*, la justice dont nous nous sommes rendus dignes dans tous les tems.

Ce parti cependant ne paroissoit pas satisfaire le soldat qui sentoit vivement l'outrage que l'on avoit fait subir à ces deux officiers. Le desir d'obtenir justice et réparation de l'insulte faite à son uniforme, échauffoit son esprit, et toute la vigilance des officiers suffisoit à peine pour arrêter la violence de leur ressentiment, pour cimenter le calme et lui imprimer le sceau de la plus grande stabilité. Le conseil supérieur du Fort-Royal arrêta de se transporter en corps le 3 mars vers notre régiment, qui le reçut sous les armes en présence du gouverneur.

M. de la Vigne-Bonnaire, *procureur-général*, *prononça le discours suivant :*

Messieurs,

La cour souveraine de cette isle, vient rendre au régiment qui

C

porte son nom , un hommage que ses services depuis l'époque
de sa création lui ont mérités.

Défendue par sa bravoure contre ses ennemis , la colonie doit à son
zèle la sécurité intérieure , les preuves multipliées et récentes
qu'il a données de ses vertus , nous faisoient attendre avec joie
que notre réunion nous permît de vous exprimer , messieurs ,
nos sentimens de reconnoissance et d'attachement. Pourquoi ,
ceux de la douleur et des alarmes sont-ils venus le troubler ?

Vous le savez , messieurs , les circonstances trop malheuresement
impérieuses , ont fournies par-tout des tristes exemples de ces funestes erreurs du moment que toute la prudence humaine ne sauroit
prévenir : c'est l'oubli de ces fatales journées ; c'est l'oubli de
tout ressentiment , que plein de confiance et d'estime pour vous ,
les ministres de la paix et de la concorde , viennent demander à
des militaires citoyens ; ce sacrifice digne de vos cœurs nobles et
généreux vous acquérera des lauriers d'un genre préférable au
palme même de la victoire. Cette offrande, que la patrie réclame
de vous en cette occasion , réhausseroit, s'il étoit possible, l'honneur et la délicatesse qui vous ont toujours distingués ; rendez-
vous, messieurs, à nos desirs et à nos vœux.

Secondez nos patriotiques efforts , vous, M. le major , qui dans les
circonstances aussi critiques que délicates, que les evenemens ont
fait naître depuis que vous vous trouvez à la tête de ce brave
régiment, avez toujours montré , autant de prudence que d'acti-
vité ; secondez-les , vous tous , MM. les officiers, dont la conduite
et les principes ont constamment maintenus le bon ordre , et
vous ont concilié une entiere confiance.

Et l'estime la plus pure , consacrera dans nos archives avec les té-
moignages de la reconnoissance , comme votre ouvrage , messieurs , le rétablissement du calme , dans une colonie, dont la
conservation est un honorable dépôt confié à votre sagesse autant
qu'à votre valeur ».

M. *le général* ajouta à ce discours ce que l'effusion d'une
ame noble , énergique , pouvoit dire en faveur de la paix , et
de l'oubli de tous ressentimens.

Le régiment témoigna au moment même par des acclamations réitérées , sa sensibilité à la démarche du conseil , les dispositions de paix dont il étoit pénétré , et son attachement à *la nation , à la loi , au roi et à la colonie* ; peu de momens après, nous fimes prévenir le conseil , que le régiment étoit disposé à se rendre en corps à cette cour , qui s'assembla pour nous recevoir. *M. de Castella major-commandant* porta la parole , renouvella avec les expressions de la plus parfaite sensibilité , combien la paix et la réunion des opinions importoit à la tranquillité de la Colonie ; et quel seroit dans tous les tems le zèle et l'affection du régiment , pour contribuer de tous ses moyens au bonheur de la chose publique.

Il est aisé de voir par cette conduite que le Fort-Royal ne s'occupoit que des moyens de paix , et le calme remis dans l'esprit du soldat, tant par les soins des officiers , que par la démarche du conseil , ne pouvoit que donner l'espérance de voir la ville saint Pierre reprendre la tranquilité dont elle n'auroit jamais dû cesser de jouir.

Nous étions bien éloignés de penser que dans ce moment même , le peuple de Saint Pierre employoit de nouveaux moyens , pour répandre des inquiétudes sur les projets hostiles que l'on nous prêtoit , et ces bruits répandus avec toute la malignité possible, déterminerent la municipalité, *dont les délibérations mêmes , n'étoient point libres* , à requérir secours et protections des isles voisines.

M. *le baron de Clugny* se rendit à St. Pierre avec beaucoup d'habitans , et une députation de l'assemblée générale coloniale ; ils se présentèrent comme médiateurs. Aprèsavoir pris connoissance , tant des griefs que la municipalité imputoit au détachement qui y avoit été en garnison , que des démarches que le régiment avoit cru devoir faire pour réclamer ses officiers , et obtenir réparation des injures faites au corps dans son uniforme. Ce gouverneur plein de zèle crut de sagesse devoir se transporter au Fort-Royal.

Son premier soin fut d'engager le régiment à renoncer à toutes demandes, en réparations que nous avions précédemment formés, et que dans un moment moins impérieux nous aurions droit d'attendre.

La présence de ce géncral, l'intérêt qu'il mit à sa demande, le bonheur d'une colonie à laquelle nous nous sommes invariablement attachés, notre desir vrai de rassurer un peuple égaré, nous firent céder avec empressement aux termes des négociations qui nous étoient présentées, et l'arrêté pris à à ce sujet est une preuve bien formelle de notre adhésion à tont ce qui venoit de nous être demandé.

Délibération du régiment de la Martinique ; du 9 mars 1790.

Le régiment de la Martinique, prenant en considération la délibération de la municipalité et de la commune de Saint-Pierre, du dimanche 7 mars dernier, et la démarche noble et généreuse de M. *le baron de Clugni, et MM. les députés de l'assemblée générale coloniale de la Guadeloupe*, et desirant faire droit aux réclamations de la ville de Saint-Pierre, et voulant prouver à toute la nation française qu'il ne desire que la paix, et lui témoigner combien il est jaloux de mériter son attachement ; a arrêté :

Qu'il a blamé dans le principe, et blame encore formellement, l'effervessence de la garnison de Saint-Pierre, ainsi qu'il l'a prouvé en voyant les coupables connus et dénoncés par la municipalité, pour être jugés en France par l'assemblée nationale sur les griefs dont ils sont accusés.

Qu'il a également désaprouvé les propos tenus par de Rancé, qui est maintenant en prison par ordre du corps, en attendant le jugement de l'assemblée nationale ; que s'il n'a été envoyé en France, c'est que la ville de Saint-Pierre n'a point dans le principe manifesté ce desir.

Que quand aux réclamations signées par quelques officiers, elles ont été approuvées , et consenties par le corps qui a été représenté en entier par les signatures mises au bas ; mais que le régiment vivement affecté de l'impression défavorable que les mêmes réclamations ont faites sur le peuple de Saint-Pierre : déclare ne les avoir faites , que dans les vues de travailler de concert avec la municipalité à ramaner le calme et la tranquillité ; ajoute de plus, qu'il n'a jamais eu des projets hostiles en cas de refus , et renonce même dès le moment à toutes ces demandes , pour mieux prouver la pureté de nos intentions.

Quand à la demande que la ville de Saint-Pierre fait au régiment, de n'avoir que le Fort-royal pour garnison, il observe , qu'il est de son devoir, d'après même son serment, de voler avec zèle au secours de la Colonie , lorsqu'il en sera requis légalement.

Arrête , que copie de la présente délibération , sera remise à *M. le baron d Clugni, àc MM. les deputés de l'assemblée générale coloniale de la Guadeloupe*, en les priant d'être auprès des citoyens de Saint-Pierre et de ceux des Colonies voisines qui se trouvent présentement réunies , l'organe de l'expression de ses desirs , qui tendent tous à rendre à Saint-Pirre sa première tranquillité , et à oublier de part et d'autre tout ce qui s'est passé.

Fait au Fort-royal, le régiment assemblé, le 9 Mars 1790. *Signé* , le régiment de la Martinique.

MM. *de Roussel* et *de la Cardonniere , capitaine au régiment*, furent choisis par le corps pour porter à la municipalité de Saint-Pierre cette délibération. M. *de Clugny et les Députés* , dont il étoit accompagné , retournèrent également, après nous avoir promis d'ajouter encore aux termes dont nous nous étions servis , pour ne rien laisser à desirer au peuple de Saint-Pierre.

Le 10 mars, M. de Clugny s'empressa d'écrire à M. de Castella , et de lui marquer, *que la délibération avoit eu le succès qu'il pouvoit en attendre , et que le régiment étoit appellé frère de Saint-Pierre , et qu'il l'en félicitoit*. M. *de la Cardonniere* revient le 11 au Fort Royal. Cet officier étoit porteur de la lettre qui suit :

*Lettre de MM. les Députés au régiment de la Martinique,
en date du 11 Mars 1790, en réponse à la délibération du
9 du même mois, dont il étoit porteur.*

MESSIEURS,

Arrivés hier soir assez tard, nous n'avons pu que donner une lecture rapide de votre arrêté, à l'hôtel-de-ville où nous nous sommes rendus sur le champ ; nous l'avons appuyé des expressions dont vous nous aviez chargés, et nous avons été ravis de voir l'effusion de cœur avec laquelle il a été reçu. M. le baron de Clugni s'est empressé de vous en faire part ; mais ce matin, d'après une révision plus réfléchie de votre arrêté, MM. les officiers municipaux de la commune de Saint-Pierre, nous ont fait part des observations suivantes, fondées sur le desir qu'ils ont de ne laisser subsister aucune phrase à laquelle on puisse donner une fausse interprétation.

En conséquence, ils demandent la suppression des mots sous lignés dans cette phrase, « que le régiment de la Martinique, vivement affecté de l'impresssion défavorable que ces mêmes réclamations ont faites sur le peuple de St. Pierre : » déclare, *ne les avoir faites que dans les vues de travailler de concert avec la municipalité à ramener le calme et la tranquillité, ajoute que le régiment etc. etc.*

Ils demandent également, que dans le dernier article de votre arrêté, les mots souslignés dans cette phrase soient rayés. . . *qui tendent à rendre à Saint-Pierre sa première tranquillité et à établir et oublier de part et d'autre ce qui s'et passé* et que ceux-ci soient substitués, D'ENGAGER A OUBLIER LE PASSÉ.

Nous ne pouvons douter, messieurs, que vous ne vous prétiez à ces petits changemens, qui scelleront à jamais l'union et la concorde. M. de la Carbonniere veut bien être le porteur de notre lettre, et de vous exprimer de vive voix les sentimens respectueux et inviolables avec lesquels nous avons l'honneur d'être :

Signé CLUGNI, BOUDOIS, CLAIR-FONTAINE,
BRAGELOGNE et DOUILLARD.

Cette lettre fut lue en présence de tout le régiment ; évitant toute observation dont elle étoit susceptible ; nous cédâmes volontiers aux amendemens proposés , et M. *de Roussel* fut de nouveau chargé d'aller donner de nouveau connoissance à la commune de St. Pierre de notre adhésion. Nous étions bien éloignés de penser alors que l'officier chargé de porter toutes les preuves de satisfaction , trouveroit à son arrivée , les esprits dans une nouvelle agitation , et que loin d'être reçu avec la fraternité que nous pouvions attendre , se trouveroit exposé à être poursuivi de nouveau par le peuple, ainsi que M. *la Cardonniére , son collègue ;* l'un et l'autre durent de n'être point dépouillés de leur uniforme au milieu de la rue, qu'à la protection de quelques citoyens : croit-on que ce même jour M. *Delabadie Causy , lieutenant en second ,* qui avoit été à St. Pierre pour affaire particulière , fut assailli par une foule d'individus qui, après avoir cassé son épée , portèrent la fureur jusqu'à vouloir le pendre , ce qui infailliblement auroit eu lieu , si quelques habitans dont il étoit connu , ne l'eussen soustrait à ce peuple injuste et barbare ?

Se persuadera-t-on que *M. le baron de Clugny , et que MM. les Députés de l'assemblée générale coloniale de la Guadeloupe ,* demandés par cette même ville, et qui s'y étaient présentés comme médiateurs, après avoir obtenu de notre part toute la satisfaction que l'empire des circonstances permettoit, furent sur le point d'être victimes de leur patriotisme ?

Sans donner à cette conduite une interprétation forcée , n'y développe-t-on pas successivement le projet que le peuple avoit conçu de soulever toute la colonie, d'armer ses habitans contre notre corps , et d'effectuer la perte entière de la colonie , pour la ravager d'une guerre intestine.

Rapprochons les troubles qui ont agité , depuis cette époque, la ville de Saint-Pierre.

Les ennemis du bien public n'ont cessé d'ourdir, par des moyens les plus insidieux, pour débaucher les soldats, afin de comprometttre plus aisément la force militaire, de l'avilir et la dégrader. La preuve de ces séductions est acquise par l'extrait des délibérations de l'assemblée générale, du 15 avril de cette année *, et par le procès qui a été fait par le conseil

---

*_Extrait des délibérations de l'assemblée général de la Martinique , du 15 avril 1790._

Une députation des grenadiers du régiment de la Martinique est entrée : M. Depaut, portant la parole, a dit :

MESSIEURS,

» Les grenadiers du régiment de la Martinique nous députent vers vous. Un de leur camarade, indigne par sa conduite et ses sentimens d'être soldat, a abandonné ses drapeaux et s'est retiré à S. Pierre. Non content d'avoir manqué à son devoir, il a osé calomnier devant la municipalité, la compagnie de grenadiers, en disant qu'elle étoit disposée à se révolter et à aller offrir ses services à cette ville. Les grenadiers, indignés, vous assurent, Messieurs, qu'ils seront fidèles à leurs drapeaux et à leur serment. Ils vous prient de réclamer de la municipalité de S. Pierre, ce déserteur, pour qu'ils en fassent justice «.

M. le président leur a répondu :

» Que l'assemblée voyoit avec satisfaction, la démarche des grenadiers, qui étoit une preuve des nobles sentimens qui les animoient ; qu'elle se concerteroit avec M. le général, pour la réclamation de ce soldat ».

Les députés des grenadiers retirés, il a été arrêté de faire une adresse au régiment de la Martinique ; elle a été rédigée comme il suit, et MM. Charlery, Lée, Durand, Desvouves, Dubuc de S. Prix, la Faye Beaubrun, Lacoste, Dupin, Gaudin de Sorer, chevaliers de S. Louis, MM. Grenonville et Pinel-Fereol, conseillers, ont été chargés de la présenter au régiment.

supérieur de la Martinique, à plusieurs personnes ; et les preuves ont été si fortes, qu'il y en a eu de condamnés aux galères perpétuelles, et un particulier à être pendu eneffigie.

Est-ce le patriotisme dont ce parait ce peuple qui a dicté l'arrêt de 14 mulâtres, et trois blancs qui ont été pendus le 3 juin, dans la ville de Saint-Pierre ? Ainsi, les uns ont couru les risques d'être pendus pour un oubli de cocarde, et les autres le sont réellement pour avoir voulu porter *l'étendart national* à la procession de la Fête-Dieu.

Ce peuple n'a-t-il pas affiché l'indépendance en établissant, *de son autorité privée*, UN TRIBUNAL PRÉVÔTAL, pour donner une forme plus régulière au projet prémédité de faire supplicier 70 prisonniers détenus par *la force d'un peuple furieux*,

---

Adresse de l'assemblée générale de la Martinique, aux grenadiers, Chasseurs et fusiliers du régiment de la Martinique.

BRAVES MILITAIRES,

L'assemblée générale de la Colonie a vu, avec la plus grande satisfaction, l'expression de vos nobles sentimens, qui lui a été transmise par une députation de grenadiers ; elle n'en a jamais douté ; votre bravoure, votre fidélité, votre dévouement à la patrie, votre obéissance et votre attachement pour vos officiers, lui sont connus depuis long-temps, et vous avez donné à la Colonie des preuves multipliées de votre zèle qu'elle n'oubliera jamais. C'est au nom de cette Colonie qu'elle représente, que l'assemblée vous félicite ; elle croiroit vous outrager, en vous engageant à persister dans de si louables sentimens. L'honneur, ce guide de toutes les actions d'un soldat François, l'honneur qui vous est si cher, déterminera toujours votre conduite.

L'assemblée mettra sous les yeux de M. le Général votre réclamation.

Signé, DUBUC fils, président ; GALLET SAINT-AURIN, vice-président ; LE CAMUS, secrétaire.

égaré et avide de sang? Et quel danger cette ville n'auroit-
elle pas couru dans ce moment d'anarchie et de désordre, si
ces citoyens n'eussent point requis du pouvoir exécutif, force
et protection.

M. de Damas s'y transporta à la tête des habitans de toute
la colonie, et des troupes réglées. L'intérêt puissant qui diri-
geoit cette démarche imposante, nous fit oublier tout projet
d'une juste vengeance; nous ne nous occupâmes que des moyens
de conciliation, et nous parvînmes à rapprocher les deux intérêts par la force des procédés. Croiroit-on que malgré la conduite de ce régiment, on n'a cessé de le calomnier, et que *les
députés de Saint-Pierre envoyés avant la catastrophe du 3 juin
dernier,* demandent qu'il passe en France. Si nous ne consul-
tions que notre goût et notre agrément, nous serions enchan-
tés que cette demande leur fût accordée; mais étant créé pour
le service des Colonies, nous desirons leur consacrer notre zèle
et notre attachement tant qu'il plaira au Roi de nous y con-
server.

Telle a été la conduite du Régiment de la Martinique, qui
s'est fait une gloire de sacrifier son juste ressentiment au bonheur de la chose publique.

Signé LABAUME DE MALVES, capitaine-
commandant; de la société de Cincinnatus,
*envoyé par le gouverneur-général des Isles du
Vent, et par le Régiment de la Martinique;
auprès de l'Assemblée Nationale.*

A PARIS, de l'imprimerie de CHALON, rue du Théâtre
Français. 1790.

www.ingramcontent.com/pod-product-compliance
Lightning Source LLC
Chambersburg PA
CBHW061819060726
47597CB00008B/3276